ELÍAS

El profeta de fuego

Por Anne de Graaf

Ilustrado por José Pérez Montero

Elías

El profeta de fuego
Escrito por Anne de Graaf
Ilustrado por José Pérez Montero
Diseño gráfico por Nils V. Glistrup

Drejervej 15, 3er piso, DK 2400 Copenhague NV, Dinamarca
E-Mail: info@sph.as Web: www.sph.as

Concebido, diseñado y producido por Scandinavia Publishing House

Impreso en China
ISBN 9788771326147

ELÍAS

El profeta de fuego

Por Anne de Graaf

Ilustrado por José Pérez Montero

Hace mucho tiempo vivió una reina malvada. Se llamaba Jezabel. Estaba casada con el rey israelita Acab. Jezabel era muy mala y poderosa. Sólo existía un hombre que se atrevía a pelear con Jezabel. Este valiente hombre se llamaba Elías.

Elías había sido elegido por Dios para transmitir Sus palabras a Su pueblo, los israelitas. Esto significaba que Elías era un profeta de Dios.

Jezabel ni siquiera creía en Dios. Venía de un pueblo que adoraba estatuas de dioses falsos. El Señor Dios le había ordenado a Su pueblo no rezarle a nadie que no fuese Él. Cuando el Rey Acab se casó con Jezabel, él comenzó a adorar a los falsos dioses de ella. Este fue un grave, grave error. Rompía el primer Mandamiento de Dios para Su pueblo, que deberían adorar solamente al único Dios verdadero.

La malvada Reina Jezabel hasta trató de matar a los profetas de Dios. Y le dijo a Acab que debía pedir a su pueblo que dejara de adorar a Dios. "¡Diles que he matado a todos sus profetas! ¡Diles que deben adorar a mis dioses!"

Acab hacía todo lo que su esposa quería. Construyó lugares para adorar a los falsos dioses de Jezabel. Hizo que su pueblo orara e hiciera sacrificios ahí. Y el pueblo hizo lo que su rey quería.

Por estas cosas terribles, Jezabel y Acab se hicieron conocidos como el rey y la reina más malvados que ha tenido el pueblo de Dios.

Todos le temían a Jezabel, todos excepto Elías. Jezabel siempre trataba de matar a sus enemigos. Cuando trató de matar a los profetas del Señor, al menos un hombre pudo escapar. Ese hombre fue Elías.

Elías sabía que Jezabel lo perseguiría. Pero aún así sentía que Dios lo empujaba para que hablara con Acab. Elías era el profeta de Dios. Era su trabajo decir a la gente lo que Dios quería que ellos escucharan.

Elías fue al palacio real. Ahí advirtió a Acab, "Debes dejar de adorar a estos falsos dioses. Haz hecho que el pueblo deje de orar a Dios. ¡Él te va a castigar por esto!"

Acab tragó saliva. "Sólo hacía lo que mi esposa me ha pedido. No hay nada malo en que el pueblo le rece a esas estatuas. ¿A quién podría dañar? Dios no se dará cuenta."

Pero Dios se había dado cuenta. Elías le dijo, "¡El Señor Dios hará que tu tierra quede seca como un desierto, Él hará que la lluvia no caiga hasta que yo se lo pida!" Entonces Elías abandonó el palacio.

Dios le dijo a Elías que se ocultara en las colinas. Elías estaba solo, pero Dios lo protegía. Elías bebía de un arroyo cercano. Cuando tenía hambre, grandes aves negras llamadas cuervos le traían comida. Todos los días los cuervos le traían a Elías carne y pan.

Mientras el resto del país padecía hambre y sed, Elías tenía comida y bebida en abundancia. Esto fue así por mucho tiempo, hasta que un día, el arroyo finalmente se secó.

Cuando no hubo más agua en el arroyo, Elías le preguntó a Dios qué debía hacer. El Señor le dijo, "Ve a la aldea cercana al lugar de donde viene Jezabel. Hallarás a una mujer cuyo esposo ha muerto. Ella te dará comida."

Elías hizo lo que Dios le dijo. Lucía muy extraño al entrar en la aldea. Mucha gente se quedó mirando a Elías. ¡Había vivido durante meses en el desierto y parecía un salvaje! Su pelo era largo y vestía con pieles de animales.

Pero cuando habló con la viuda, ella no huyó. "¿Por favor, me daría un poco de agua y algo de pan?" le preguntó a ella.

La mujer sacudió la cabeza con tristeza. "No tengo nada." Miró al leño que tenía en las manos y dijo, "Iba a usar esta madera para hacer una hoguera para mi última comida. A mi hijo y a mí no nos queda nada más que un poco de harina y aceite. Con eso iba a preparar un poco de pan.

Esa será nuestra última comida, y después moriremos de hambre." La mujer no levantó la mirada.

Él le preguntó a Dios qué podría hacer. Dios le dijo. Elías dijo suavemente, "No temas. Prepara el pan. Después dame un poco. El Señor Dios se asegurará de que tu harina y tu aceite no se terminen hasta que Él haga llover nuevamente en este lugar."

Había pasado ya mucho tiempo desde la última lluvia. Ni siquiera el Rey Acab y la Reina Jezabel tenían suficiente agua para beber. Pero aún así se negaban a creer que Dios pudiese ayudarles.

Cuando esta mujer escuchó la promesa de Elías, apenas podía creer lo que escuchaba. "¿Cómo es posible?" se preguntó a si misma. A diferencia de Acab y Jezabel, ella eligió creer que Dios podía ayudarle. "Sí," dijo a Elías con la cabeza. "Sí, ven a mi casa y te daré de comer."

Ella no sabía cómo había sucedido, pero ella creyó la promesa que este extraño hombre de Dios le había hecho.

Esa noche, cuando la harina y el aceite casi se habían acabado, su hijo gritó, "¡Madre! ¡Madre! ¡Mira, el tarro está lleno de aceite otra vez! ¡Y el tazón de harina está lleno también! ¿No dijiste que se habían acabado?"

La mujer sonrió. "Es un milagro. Ese hombre de Dios dijo que esto iba a pasar."

Elías bajó las escaleras y la oyó hablar. "Escucha a tu madre," le dijo al niño. "Es un milagro, es la forma en que Dios cuida a las personas cuando escuchan y creen."

A partir de ese día, siempre hubo aceite en el tarro y harina en el tazón. Día tras día la mujer tuvo suficiente comida para su hijo y para Elías. El profeta se fue a vivir con la viuda y ella lo alimentó y le dio un lugar dónde dormir.

Elías no tenía familia propia. Mientras estuvo con la viuda y su hijo, se encariñó con el niño. Oró por él y le enseño sobre el Señor.

Entonces, un día, el hijo de la viuda cayó gravemente enfermo. Había estado a punto de morir de hambre antes de que Elías viniera a vivir con él y su madre. Por eso estaba ya muy débil cuando cayó enfermo.

Ahora estaba cada vez más débil. Finalmente, murió en los brazos de su madre. La mujer ya había antes perdido a su esposo. Ahora su hijo estaba muerto.

Se lamentó con Elías, "¿Por qué? "¿Por qué yo? Dijiste que tu Dios nos protegería. ¿Por qué estoy siendo castigada? ¡Mira a mi hijo! ¡Está muerto!"

"Ven, dámelo," dijo Elías.

Cuidadosamente tomó al chico en sus propios brazos. Elías llevó al muchacho a su habitación en el piso superior, mientras la madre permaneció abajo, sollozando.

Elías acostó al chico en su propia cama. Después se inclinó sobre él y oró. "Dios mío, ¿has traído Tú tanta tristeza a este hogar donde estoy viviendo?"

Elías hizo una cosa muy extraña. Se extendió sobre el muchacho en tres ocasiones. Oró, "¡Mi Señor Dios, permite que la vida de este niño regrese a él!" Tres veces rogó Elías a Dios que devolviera la vida al chico. Lo pidió a Dios con todo su corazón.

Y entonces, de pronto, Elías sintió cómo el cuerpo del muchacho se sentía más tibio debajo de él. Jadeó y miró el rostro del muchacho. Sus ojos se abrieron con sorpresa. El niño miró a Elías. ¡Y entonces sonrió!

"Estás vivo," susurró Elías a su pequeño amigo. Lo abrazó con fuerza y dijo una oración para dar gracias a Dios. El Señor había escuchado las súplicas de Elías. ¡El muchacho estaba vivo!

Elías volvió a cargar al chico y lo llevó con su madre. "Mira, tu hijo está vivo."

La madre secó las lágrimas de sus ojos. Se estremeció. “No, pero,” empezó a decir. Entonces vio que su hijo le sonreía.

Y empezó a llorar otra vez. Esta vez eran lágrimas de felicidad. Abrazando a Elías y a su hijo, la mujer dijo, “Ahora sé que eres un hombre de Dios. Los mensajes que dices de Dios, son ciertos. ¡Sólo mira, mi hijo está vivo!”

Elías se quedó con la viuda y su hijo durante tres años. En todo ese tiempo el país se volvió cada vez más árido. Había pasado mucho tiempo desde que cayera la última lluvia. La tierra se convirtió en un desierto. Muchas personas no tenían comida. Nadie tenía agua. Todos los ríos y arroyos y lagos se habían secado. La única agua que había era la del mar, y no podían beberla.

Cuantos más años pasaban sin lluvia, más y más furiosa se ponía Jezabel. "¡Esto es culpa tuya!" le gritó la reina malvada a su marido.

Acab envió soldados a peinar el país buscando a Elías. Mientras tanto, la Reina Jezabel había otra vez ordenado a sus soldados matar a todos los profetas del Señor. "¡Eso le enseñará a su Dios a secar nuestra tierra!" Sólo cien lograron escapar.

Cuando finalmente hallaron a Elías, Acab fue a hablar con él. Le dijo, "¡Elías, eres un alborotador! ¡Gracias a ti no ha llovido en tres años!"

"No soy un alborotador," dijo Elías. "Tú lo eres. Elegiste adorar a los dioses de Jezabel. El Señor ha hecho que no llueva para que sepan que Él es el único Dios. ¡Ahora te voy a demostrar lo inútiles que son tus falsos dioses! Trae ochocientos de los sacerdotes de Jezabel a la cima del Monte Carmelo. ¡Ahí habrá una competencia!"

Unos días después, los sacerdotes de Acab y Jezabel llegaron para competir. Una gran multitud de israelitas observaba. Elías les dijo, "Ahora tendrán que elegir entre el Señor Dios y Baal. Observen para ver si Baal puede prender fuego a la leña y al buey que han ofrecido ante su estatua. ¡Sólo vean si escucha!"

Los sacerdotes de Baal bailaron y oraron y cantaron y gritaron y hasta se cortaron a sí mismos. Pero ningún fuego cayó del cielo.

Elías se burló de los sacerdotes de Baal, "Tal vez deberían gritar más fuerte. ¡Este dios suyo ha de estar pensando, o muy ocupado, o viajando, o durmiendo! ¡Ja, ja!"

Todavía no pasaba nada. Entonces fue el turno de Elías. Se volteó hacia la gente. "¿Saben por qué no pasó nada?" ¡Porque Baal es un dios de nada! ¡Dios quiere demostrarles que sólo Él es Dios, no hay ningún otro!"

Elías preparó su propia ofrenda para el Señor. Reparó el altar que los sacerdotes de Jezabel habían destruido. Cavó un hoyo alrededor del altar y tendió rocas alrededor de la zanja. Puso la leña y el buey muerto encima del altar.

¡Entonces Elías vertió cuatro jarras de agua en el altar! Hizo esto tres veces. La gente jadeó, "¿Cómo puede encenderse ahora que está todo mojado?"

Elías los oyó. "Ahora sabrán que Dios es el único Dios. Nadie más que el Señor podría prenderle fuego a esto ahora que lo he mojado todo."

Elías comenzó a orar. "Señor Dios, demuéstrale a esta gente que Tú eres el verdadero Dios de Israel. ¡Manda fuego desde el cielo, te lo ruego!"

¡Entonces, con un poderoso ruido, empezó a llover fuego del cielo! La leña y la carne que Elías había mojado se quemaron con un poderoso fuego. La multitud gritó, "¡El Señor es Dios! ¡El Señor es Dios!" Elías gritó,

"¿Ahora creen que sólo el Señor es el verdadero Dios?"

La gente había caído de rodillas. "¡Sí, sí, creemos!" Elías ordenó a la gente capturar a los sacerdotes de Jezabel para poder matarlos a todos.

Cuando lo hubo hecho, Elías oró porque hubiera lluvia. Otra vez quería demostrar a los israelitas lo poderoso que era Dios. Otra vez, Dios respondió a las plegarias de Elías. Pronto la lluvia cayó sobre la sedienta tierra.

La gente alzó las manos y aclamó. ¡Al final, una vez que creyeron en Dios, Él les envió la lluvia!

Elías esperaba con todo su corazón que la gente recordara lo que habían visto este día.

Más tarde, la malvada Jezabel oyó lo que había pasado en el Monte Carmelo. "¿Hizo qué?" le gritó a Acab. "¿Mató a mis sacerdotes? ¡Bueno, dile a Elías que ahora yo voy a matarlo a él!"

Cuando Elías oyó la amenaza de Jezabel, huyó por su vida. Pero antes de abandonar la ciudad, vio a un grupo de mujeres adorando a uno de los falsos dioses de Jezabel. "¡Oh, Dios, ya lo han olvidado!" les gritó Elías.

Se ocultó en el desierto y se sentía muy cansado y molesto. Un ángel del Señor vino a darle agua y comida. “Descansa y te sentirás mejor,” dijo el ángel.

Entonces Elías siguió internándose en el desierto hasta que llegó a una cueva. Ahí cayó al suelo, con mucho miedo y sintiéndose muy triste.

Elías se quedó dormido dentro de la cueva. Se sentía solo y perdido. De pronto, escuchó la Voz de Dios que decía, "Elías, ¿por qué estás aquí?"

Elías despertó. "Oh Señor, sabía que escucharías mis plegarias. He hecho lo mejor que he podido para demostrar a Tu pueblo que sólo a ti deben adorar. Pero no escuchan, no importa cuántos milagros ocurran. Jezabel ha matado a todos Tus profetas. Estoy solo. ¡Y ahora quiere matarme a mí también!" Elías había perdido toda esperanza.

El Señor dijo, "Quiero que esperes por Mí. Pasaré en frente de ti y te haré sentir más fuerte." ¡Esto fue algo fantástico! ¡El Señor en persona iba a aparecerse ante Elías!

Así que Elías esperó. Primero llegó un fuerte viento. Sopló a través de las montañas y partió las rocas. Pero el Señor no estaba en el viento. Después vino un pavoroso terremoto. Pero el Señor no estaba en el terremoto.

Entonces hubo un fuego que quemó todo en muchas millas a la redonda. Pero el Señor no estaba en el fuego.

Y después, suave como una brisa, llegó el sonido de un dócil susurro. Elías levantó la mirada. Se cubrió el rostro con su manto y caminó hasta la entrada de la cueva.

Elías se quejó otra vez ante el Señor. "¡La gente no escucha! ¡Estoy solo! ¡Y ahora Jezabel quiere matarme también!" Pensó que su vida casi había terminado.

Pero el Señor tenía planes para Elías. "No, Elías, tu vida no está terminando. Descansa en el desierto por un tiempo. Después ve a Damasco.

Ahí te presentaré a tu ayudante, un joven llamado Eliseo. Entonces ya no estarás tan solo."

Con esto Elías se sintió mucho mejor. Sonrió. El Señor sabía exactamente lo que Elías necesitaba más, un ayudante.

Así que Elías se quedó en el desierto durante algún tiempo. Después viajó a Damasco e hizo lo que Dios le había dicho. Fue a buscar a Eliseo.

Aunque el nombre de ambos hombres sonaba parecido, ellos eran diferentes. Elías era mucho más grande que Eliseo. Elías era un profeta de aspecto salvaje que recorría la tierra hablándole de Dios a la gente.

Eliseo era un granjero. Cuando Elías encontró a Eliseo, éste araba la tierra con un par de bueyes. Elías lo llamó. Puso su manto sobre los hombros de Eliseo. Era una forma de demostrarle que había sido elegido para seguirlo y aprender de él.

Eliseo sabía lo que significaba. "Por favor, ¿puedo despedirme de mis padres? Después te seguiré." Elías aceptó y esperó mientras Eliseo hablaba emocionado a sus amigos y a su familia sobre lo que le había sucedido.

En los años siguientes Eliseo fue de gran ayuda para Elías. Cuidó a Elías. Y lo observó y aprendió de él, para que un día pudiera convertirse en profeta del Señor, igual que Elías.

Durante todo este tiempo la malvada Reina Jezabel siguió causando problemas. Continuó haciendo que su esposo Acab forzara a los israelitas a adorar a sus falsos dioses. Y Jezabel juró que si algún día hallaba a Elías, ¡lo mataría!

Elías sabía esto, pero no tenía miedo. Ahora tenía al joven Eliseo a su lado. El Señor había hecho a Elías más fuerte.

Juntos, los dos hombres recorrieron el país diciendo a la gente que no escuchase a Jezabel.

"Sus dioses son nada. Oren mejor al Señor Dios. ¡Él los ama y quiere ayudarles, pero deben creer en Él y no en estas estatuas!" Algunas personas escuchaban, pero muy pocos creían.

Para entonces, Acab era un rey muy egoísta. Cuando veía algo que quería, lo tomaba. Esto sucedió una vez en que el Rey Acab vio un viñedo que deseaba tener. Estaba contiguo al palacio. Llamó al dueño, un hombre llamado Nabot.

"Véndeme tu viña. ¡La deseo!"

"No puedo venderte esa tierra. Le perteneció a mi padre y a mi abuelo y, antes que a ellos, al padre de mi abuelo," dijo Nabot.

Pero Acab no escuchó. Se fue a su casa y se quejó con la reina. Ella se burló de él y le dijo, "¡No te preocupes! Me aseguraré de que consigas tu viña."

La malvada esposa de Acab hizo justamente eso. Le pagó a dos hombres para que dijeran mentiras sobre Nabot. Ella hizo que lo arrestaran. Estos dos hombres inventaron cosas horribles de Nabot. Finalmente los hombres de la ciudad lo arrastraron hasta los muros fuera de la ciudad y lo apedrearon hasta matarlo.

Cuando el pobre Nabot estuvo muerto, Jezabel mandó llamar a Acab. "He hecho matar a ese hombre, el que no quería venderte su tierra. Ahora puedes tener su viña," Jezabel rio.

Gracias a las mentiras de Jezabel, Acab tenía lo que quería. Pero Dios había visto cómo un buen hombre había sido asesinado. Envió a Elías a hablar con el rey.

"El Señor ha visto cómo Jezabel asesinó a un hombre para que pudieras robar su tierra," le dijo Elías a Acab. Acab se puso pálido. "El Señor dice que cuando tú y tu familia mueran, los perros lamerán su sangre."

Acab sabía que había hecho algo muy malo. Pero Elías no había terminado. Sabía que si Jezabel lo encontraba cerca del palacio seguramente lo haría matar. Pero no tenía miedo. El Señor le había dado a Elías un mensaje para Acab. Elías había pasado toda su vida transmitiendo a la gente las palabras de Dios. No iba a dejar de hacerlo ahora.

"Y cuando Jezabel muera, será devorada por los perros, aquí mismo junto a su propio palacio. Ese es el castigo del Señor para ti y tu esposa." Acab se dio cuenta de la terrible cosa que había hecho y lo lamentó mucho, pero ya era demasiado tarde.

Mucho después, cuando Acab peleaba en una batalla, fue alcanzado por una flecha. Murió mientras montaba su carruaje. Después de enterrar a Acab, un soldado que limpiaba el carruaje del rey se dio cuenta de que algunos perros lamían la sangre de Acab. Todo lo que Elías dijo que sucedería, se hizo realidad.

Durante este tiempo Israel peleó muchas batallas contra muchas tribus. El Rey Acab murió durante una batalla contra Aram. Pero Israel también peleaba contra otro país, llamado Judea, donde vivía el pueblo de Dios. Esto era algo trágico. Dos de las doce tribus del pueblo de Dios que deberían estar adorando al mismo Dios se estaban matando entre sí.

Y esto también era porque Jezabel y Acab habían sido unos líderes malvados. ¡Una y otra vez hicieron que los israelitas combatieran contra otras tribus, incluyendo las de su propia gente! Casi siempre era porque querían un tesoro más grande o más tierra, porque eran demasiado egoístas.

Cuando Acab murió en combate, su hijo Ahaziah se convirtió en el rey. Ahaziah era todavía más malvado que su padre. Hacía todo lo que su madre le pedía. Y Ahaziah nunca lo lamentaba.

Pero lo peor de Ahaziah era que siempre adoró al falso dios Baal. Al igual que su madre, le decía a la gente que no escucharan a Elías. Pero Ahaziah estaba muy, muy equivocado.

Un día, el rey tuvo un terrible accidente. Ahaziah cayó desde el tejado y tenía heridas graves. Ordenó a sus sirvientes que buscaran a los sacerdotes de Baal. "Averigüen si voy a morir," les dijo.

Pero en el camino, estos sirvientes se encontraron con Elías. "Díganle al rey que el Señor quiere saber por qué busca respuestas en un falso dios como Baal. El Señor Dios sabe lo que va a pasarle al Rey Ahaziah. ¡Díganle que Dios dice que morirá por sus heridas!"

Cuando los sirvientes oyeron esto, corrieron de vuelta al palacio. Le dijeron al rey lo que había sucedido. "¿Qué?" rugió el rey. "Mi madre me habló de ese tal Elías. Él le causó muchos problemas a ella y a mi padre. Ahora tiene malas noticias para mí. Conozco una forma de asegurarme de que nunca vuelva a molestarnos.

"Tú," señaló a un oficial de la guardia. "Toma cincuenta hombres y capturen a Elías."

El oficial encontró a Elías orando en lo alto de una colina. "¡Hombre de Dios, ven con nosotros!" le ordenó.

Elías dijo, "¡Si soy un hombre de Dios, entonces que caiga fuego del cielo y que los mate!" Repentinamente, comenzó a llover fuego sobre los soldados, matando a todos.

El rey envió otros cincuenta hombres a atrapar a Elías, pero sucedió lo mismo. Cuando el tercer grupo de cincuenta hombres llegó con Elías a la colina, el capitán cayó de rodillas. “Por favor,” le rogó a Elías. “Por favor, ten misericordia de nosotros.”

Un ángel de Dios le dijo a Elías, “Ve con él y no tengas miedo.”

Así que Elías escuchó e hizo lo que el ángel le dijo. Cuando estuvo en el palacio, Elías le dijo a Ahaziah, “Debiste haber confiado en Dios. ¿Por qué no le preguntaste a Él si te ibas a salvar? ¿Por qué confías en Baal más que en el Señor? ¿Por qué? Porque eres muy malo. Eres aún peor que tu padre. ¡Sí, vas a morir!”

Y sucedió tal como Elías había dicho que sería.

Durante toda su vida Elías combatió la maldad de Jezabel, tratando de guiar a los israelitas para regresarlos con Dios. Cuando finalmente Jezabel murió, ella fue empujada desde un balcón y cayó al suelo. Para cuando la gente la encontró tirada junto al palacio, los perros ya la habían devorado. Fue un terrible final para una reina terrible.

Elías enseñó a Eliseo todo lo que sabía. Fueron como padre e hijo. Cuando Elías era muy, muy anciano, él y Eliseo caminaron juntos hacia el desierto.

Elías le dijo a Eliseo, "Quédate aquí. Tengo que irme."

"Pero nunca te dejaré," dijo el joven Eliseo. Estaba triste porque sabía que el Señor se iba a llevar a Elías. Algunos profetas siguieron a ambos hombres, pero Eliseo y Elías los dejaron atrás cuando llegaron al río Jordán. Ahí, Elías se quitó el manto y golpeó el agua con el mando. El río se partió en dos y los hombres lo atravesaron pisando tierra firme.

¡Cuando estuvieron del otro lado apareció de pronto un carruaje dorado de fuego en el cielo! Feroces caballos lo habían bajado del cielo. Elías subió al carruaje y fue llevado lejos de Eliseo.

"¡Mi padre! ¡Mi padre! ¡Oh, ahora te has ido!" Gritó Eliseo mientras el feroz torbellino se llevaba a Elías, el profeta de fuego, al cielo para estar con Dios. Elías se quedó en el cielo durante muchos, muchos años. Entonces, cuando Jesús caminaba sobre la tierra, Elías volvió del cielo para hablar con Jesús. El mensaje que Elías predicó toda su vida era entonces cierto, y todavía es cierto hoy. Nadie ni nada debe ser más importante para el pueblo de Dios que adorar al único Señor Dios verdadero.

Puedes hallar la historia de Elías en el Antiguo Testamento desde el primer libro de Reyes, en el capítulo 16 hasta el segundo libro de Reyes, capítulo 2.